¡FIESTA!

A Festival of Colors

DUNCAN TONATIUH

Abrams Appleseed

New York

elote amarillo

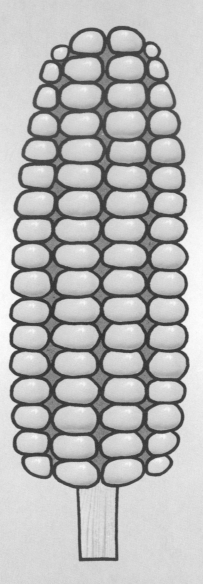

yellow corn

sarape naranja

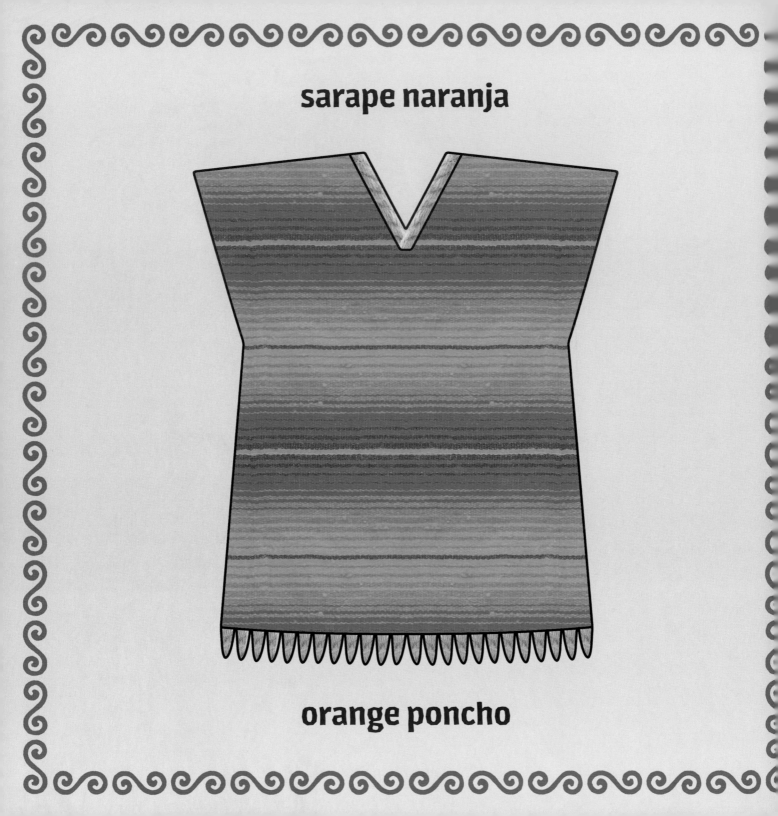

orange poncho

enchiladas rojas

red enchiladas

vestido morado

purple dress

rebozo azul

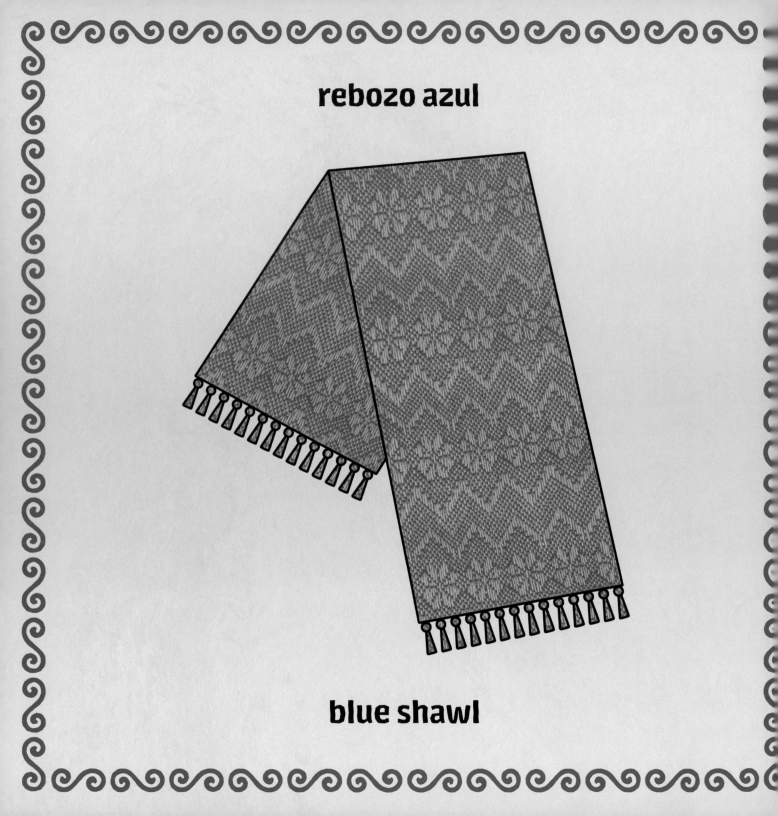

blue shawl

paleta verde

green popsicle

pantalones cafés

brown pants

sombreros negros

black hats

agua de horchata blanca

white horchata water

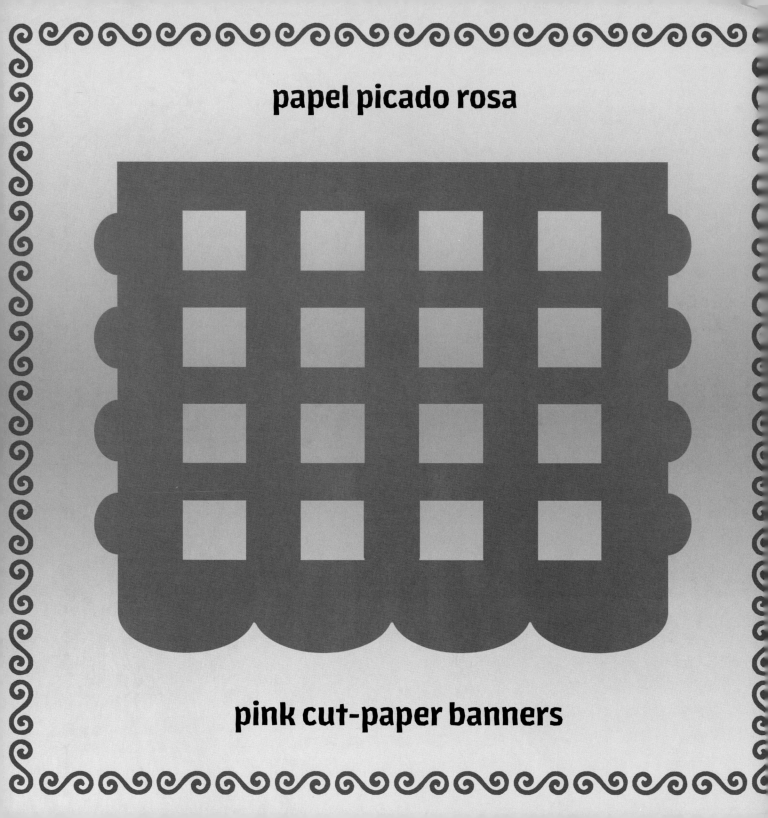

papel picado rosa

pink cut-paper banners

Nota del autor

¡Fiesta! A Festival of Colors muestra una verbena popular al aire libre. Estos tipos de fiestas ocurren en todo México en fechas como el 16 de septiembre, Día de la Independencia; y el 20 de noviembre, Día de la Revolución Mexicana. Los festejos también se realizan en los Estados Unidos durante el Mes de la Herencia Hispana, que se celebra del 15 de septiembre al 15 de octubre, y el Cinco de Mayo, especialmente en lugares donde hay comunidades mexicano-americanas grandes. Las fiestas son oportunidades para que las personas de ascendencia mexicana celebren su herencia y sus tradiciones.

Durante estas celebraciones, es común ver personas vendiendo comida típica y antojitos como enchiladas y elotes. La gente a veces se viste con ropa tradicional como rebozos y sarapes. En algunas ocasiones hay bailes folclóricos y música de mariachis u otros músicos. Suele haber decoraciones y fuegos artificiales. ¡Son ocasiones alegres y llenas de color!

Author's Note

¡Fiesta! A Festival of Colors depicts a street festival. These kinds of fiestas happen throughout Mexico on holidays like September 16, Independence Day; and November 20, Mexican Revolution Day. The celebrations also take place in the United States during Hispanic Heritage Month, September 15 to October 15; and Cinco de Mayo, May 5, especially in places with large Mexican American communities. The fiestas are opportunities for people of Mexican descent to celebrate their heritage and traditions.

During these fiestas, it is common to see vendors selling traditional foods and treats like enchiladas and elotes. People sometimes wear traditional outfits like rebozos and sarapes. There may be performances of folkloric dances and music by mariachis or other musicians. And oftentimes there are decorations and fireworks. They are joyful occasions and full of color!

A mi familia y amigos

del otro lado

To my family and friends

on the other side

Las ilustraciones en este libro fueron dibujadas a mano
y coloreadas con collage digital.

Número de control de la Biblioteca del Congreso 2023941134
ISBN 978-1-4197-7330-3

© 2024, Duncan Tonatiuh por el texto y las ilustraciones
Editado por Howard W. Reeves
Diseño del libro: Heather Kelly

Publicado en 2024 por Abrams Appleseed, una división de ABRAMS.
Reservados todos los derechos. Ninguna parte de este libro se puede
reproducir, almacenar en un sistema de recuperación de información
o transmitir en cualquier forma o por cualquier medio, ya sea
mecánico, electrónico, fotocopia, grabación u otro, sin permiso
por escrito de la editorial.

Abrams Appleseed® es una marca registrada
de Harry N. Abrams, Inc.

Impreso y encuadernado en China

Para consultas sobre descuentos por volumen,
comuníquese con specialsales@abramsbooks.com.

The illustrations in this book were hand drawn
and then collaged digitally.

Library of Congress Control Number 2023941134
ISBN 978-1-4197-7330-3

Text and illustrations © 2024 Duncan Tonatiuh
Edited by Howard W. Reeves
Book design by Heather Kelly

Published in 2024 by Abrams Appleseed, an imprint of ABRAMS.
All rights reserved. No portion of this book may be reproduced,
stored in a retrieval system, or transmitted in any form or by any
means, mechanical, electronic, photocopying, recording,
or otherwise, without written permission from the publisher.

Abrams Appleseed® is a registered trademark
of Harry N. Abrams, Inc.

Printed and bound in China

For bulk discount inquiries,
contact specialsales@abramsbooks.com.

ABRAMS The Art of Books
195 Broadway, New York, NY 10007
abramsbooks.com